Cm 3 227

LA

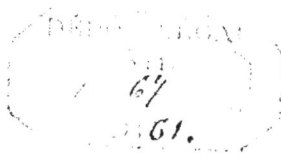

MAISON DE COLIGNY

AU MOYEN-AGE,

PAR

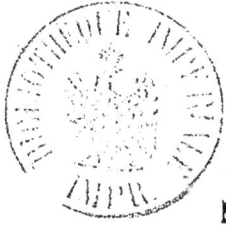

M. EDMOND CHEVRIER.

1861

LA MAISON DE COLIGNY

AU MOYEN-AGE.

Dans tous les temps on a recherché avec curiosité les origines des grands hommes et des familles historiques. Par cette recherche, on arrive souvent à connaître les causes de l'influence exercée par ces hommes ou ces familles. De même, on aime à remonter jusqu'à la source, souvent bien humble, d'où sont sortis ces fleuves qui répandent sur de vastes contrées la fécondité ou la dévastation.

Ainsi, après avoir lu dans l'histoire du xvie siècle le récit des faits et gestes de ces deux célèbres rivaux, le duc de Guise et l'amiral de Coligny, quel est celui qui n'a désiré connaître l'origine de ces deux illustres maisons? Aussi, tous les biographes de l'amiral de Coligny essaient-ils de satisfaire sous ce rapport la curiosité du lecteur. Malheureusement ils ont répandu sur ce chapitre beaucoup d'erreurs. Le P. Anselme lui-même, dans son histoire des grands officiers de la couronne de France, est en contradiction avec les historiens de la Bresse, berceau des Coligny, malgré son exactitude ordinaire.

C'est en étudiant l'histoire de ce petit pays, qui est le nôtre, que nous avons eu la pensée de recueillir tous les faits bien avérés relatifs à l'histoire des Coligny au moyen-âge. Nous n'avons découvert aucun document nouveau. Nous avons seulement cherché à tirer parti des documents renfermés dans Dubouchet (*Preuves de l'histoire de la Maison de Coligny*, in-fol. 1662), dans Guichenon, Lateyssonnière et autres historiens de la Bresse. Offrir des dates exactes, des faits précis dans un récit clair, réduit à ce qui n'est pas contesté, tel a été notre but. Nous n'avons pas la prétention de n'avoir commis aucune inexactitude dans un sujet embrouillé à plaisir. Nous espérons cependant que les faits que nous avons recueillis dans des documents que personne ne lit ne paraîtront pas sans intérêt à ceux qui ont admiré comme nous le grand caractère des Coligny du xvie siècle, et à ceux qui connaissent l'influence considérable exercée à cette époque par cette famille sur l'état religieux et politique de la France.

I.

Le régime féodal s'organisa définitivement dans la Bresse, pendant qu'elle faisait partie du royaume d'Arles, puis du second royaume de Bourgogne, dont la capitale était Genève. Avant la fin du xe siècle, tout le pays entre la Saône et l'Ain avait pour souverain de nom l'empereur d'Allemagne, mais en réalité formait trois seigneuries ou principautés complètement indépendantes, les sireries de Villars, de Bâgé et de Coligny. Les sires de Villars possédaient la plus grande partie du territoire qui fut plus tard la principauté de Dombes. La sirerie de Bâgé comprenait tout le littoral de la Saône, de la Seille à la Veyle, et tout l'espace compris entre la Reyssouze et la Veyle. Les sires de Coligny possédaient une partie des plaines qui sont à l'est de la Reyssouze; mais le siége principal de leur souveraineté était le Revermont.

Si l'on se place sur l'un de ces petits monticules qui s'élèvent au milieu des vastes et fertiles plaines de la Bresse, on aperçoit au matin la ligne entière des gracieux côteaux qui forment le Revermont. Ces côteaux vus ainsi à distance se confondent avec les sommets des montagnes du Bugey, qui s'élèvent par rampes successives jusqu'aux cimes les plus élevées des Alpes. Ce demi-cercle de montagnes, dont l'aspect est plein de variété et de grandeur, a pour premier plan le Revermont; l'ensemble est dominé par la tête majestueuse du mont Blanc, aux neiges éternelles.

Le Revermont, que l'on confond le plus souvent avec la Bresse, parce que ces deux pays ont eu presque toujours une existence commune, comprend tous les bourgs et villages qui se succèdent depuis Coligny au nord jusqu'à Pont-d'Ain au midi, sur une longueur de 7 à 8 lieues et une largeur de 2 à 3 lieues. C'est ce territoire qui appartint en toute souveraineté à la maison de Coligny pendant les premiers siècles du moyen-âge.

La sirerie de Coligny s'étendit d'ailleurs pendant deux siècles bien audelà du Revermont qui en formait le noyau. Elle embrassait en Bourgogne les villes de Cuiseaux, de St-Amour, se prolongeait jusqu'à Cressia et Gigny; le Bas-Bugey en faisait partie et formait ce qu'on appelait la *Manche de Coligny*, parce qu'on avait cru reconnaître dans le territoire entier de la seigneurie la forme d'un corps humain ayant un bras et une jambe. Le bras ou la manche était le Bas-Bugey; la jambe était figurée par les territoires de Saint-Amour, Andelot, etc.

D'après les historiens les plus accrédités, la maison de Coligny tirait son origine des anciens comtes de Bourgogne, dont elle portait les armes : *De gueule à un aigle d'argent couronné d'azur, langué d'or; cri de guerre : je les espreuve toutes.* — On peut donc faire remonter cette famille audelà du x⁰ siècle, pendant lequel se forma l'État sur lequel elle dominait. Dubouchet cite des cartulaires desquels résulteraient les faits suivants : En 863, Richard, duc de Bourgogne, livra bataille aux Normands qui ravageaient ses Etats; il les défit avec l'aide d'un Manassès, qualifié *vir strenuus* (homme vaillant); Dubouchet considère ce Manassès, premier du nom, comme la souche de la maison de Coligny. — En 912 vivait Manassès II, qui, en 925, fait subir une nouvelle défaite aux Normands. Sa femme s'appelait Hermengarde; ils avaient trois fils qui partagèrent entre eux les Etats de leur père. L'un d'eux, Giralbert, serait devenu comte de Bourgogne en 956. Un autre fils, Manassès III, aurait eu pour sa part le Revermont et une partie de la Bresse.

La plus ancienne preuve, parfaitement authentique, de l'existence des sires de Coligny est une charte par laquelle, en 974, Manassès III, sire de Coligny, donne les églises de

Marboz et de Treffort au monastère de Gigny, dans le comté de Bourgogne, près d'Andelot. La maison de Coligny pourrait donc être considérée comme plus ancienne que la maison de Savoie, dont la souche est Berold de Saxe (1020).

Dubouchet a fait graver pour son grand ouvrage une carte de la sirerie de Coligny, telle qu'elle existait en l'an 1000. D'après cette carte, cette seigneurie s'étendait au nord jusqu'aux portes de Lons-le-Saunier, au midi jusqu'à Belley, ou du moins jusqu'à Portes et Villebois où se trouvait sur les bords du Rhône une pierre debout, servant de limite, appelée *la pierre de Coligny*, longtemps après l'installation du pouvoir des ducs de Savoie et même des rois de France en ces lieux. Au matin, les frontières touchaient Nantua, comprenaient Izernore, Arinthod, Orgelet. Au sud-ouest, la Reyssouze, de Bourg à Montmerle, servait à peu près de frontière à cet Etat dont Guichenon appelle le seigneur « petit roi » (*regulus*). Bourg était donc sur l'extrême frontière de la seigneurie de Bâgé qui embrassait le reste de la Bresse.

II.

La seigneurie de Coligny, fondé: au xe siècle, atteignit sa plus grande extension et conserva toute son indépendance pendant le xie et le xiie siècles. Les chefs de cette maison étaient alors aussi maîtres dans leurs Etats que pouvaient l'être à la même époque les comtes de Savoie, les dauphins de Viennois, les sires de Bâgé ou les comtes de Genève et même que les rois de France d'alors. Les principales familles souveraines de langue française recherchaient pour leurs fils et leurs filles l'alliance des souverains du Revermont. — En 1240, le comte de Genève épouse Marie de Coligny qui lui apporte en dot le château de Varey, les seigneuries de Vaux et de Saint-Sorlin en Bas-Bugey. Au xiie siècle, Louis-le-Gros, roi de France, le sire de Bâgé, le sire de Coligny ayant épousé des princesses de la maison de Savoie sont unis par les liens du sang.

Au xi⁰ siècle, Manassès IV, Manassès V, Manassès VI se succèdent de père en fils sans qu'on connaisse rien de certain sur eux, sinon leur existence et leurs fondations pieuses dont nous parlerons plus loin. En ce siècle commence la construction de quelques-uns des châteaux forts dont les ruines sont un des ornements les plus pittoresques du Revermont, quoiqu'une bien regrettable incurie laisse disparaître peu à peu ces restes vénérables. Les tours de Coligny et d'Andelot, les châteaux de Treffort et de Jasseron, les vieux castels de Saint-André et de Fromentes dans le val du Suran, les châteaux de Varey, de Saint-Germain furent construits par les Coligny pour asseoir le nouvel ordre de choses, et pour protéger les habitants contre les excursions des seigneurs voisins.

Peut-être aussi cette puissante maison cherchait-elle, en construisant tous ces châteaux forts, à préserver ses possessions d'invasions nouvelles. Les Hongrois et les Sarrasins avaient épouvanté les pays voisins du Rhône et de la Saône longtemps après la cessation des invasions germaniques.

Il ne faut pas oublier non plus que le Revermont et la Bresse ne sont pas très-éloignés des pays de langue allemande, et que même après plusieurs siècles on dut conserver le souvenir des invasions venues du Nord et en craindre de nouvelles du même côté.

L'importance stratégique de l'emplacement de Coligny avait été comprise par les Romains, qui bâtirent Coligny-le-Vieux, en l'appelant *Colonia Sequanorum*. Dans les anciens titres, les seigneurs sont appelés *Domini de Cologna*. Les Bressans disent encore *Cologna*. Le nom de Coligny n'apparaît que lorsque cette famille va résider en France, à la fin du xv⁰ siècle. Il faut aussi se rappeler que, pour aller de Lyon chez les Séquanes du temps des Romains, et de Lyon en Franche-Comté au commencement du moyen-âge, on s'aventurait rarement dans la Bresse qui n'était alors qu'une immense forêt coupée par les deux larges marais formés par la Veyle et la Reyssouze. On allait de Lyon à Tournus par la Saône, et de là on allait à Coligny par Saint-Trivier, Romenay. Des traces de la voie romaine existent encore. En 1158, le corps de Saint-Taurin suivit cette route pour aller de Lyon à Gigny. Cette circonstance augmentait l'importance militaire de Coligny, ce qui explique comment ce point devint le centre d'une de ces petites armées féodales, dont le chef héréditaire résidait à la marche ou frontière, et dont les principaux capitaines étaient installés dans les châteaux du Revermont. Sur ce point était donc la ligne de défense de la Bresse contre de nouvelles invasions.

Mais la principale cause qui fit élever toutes ces forteresses du Revermont à la fin du xıᵉ, et surtout pendant le xııᵉ et le xıııᵉ siècles, fut surtout le désir de trouver des abris contre les violences des seigneurs voisins et les brigandages des anciens habitants du pays qui en partie étaient retombés dans la vie sauvage à la fin du xıᵉ siècle. Tous ces seigneurs du Revermont reconnaissaient pour suzerain et pour chef le sire de Coligny. Mais chacun de ces seigneurs cherchait à grouper autour de son château ses serfs pour être toujours à portée de les secourir. Aussi doit-on rejeter aujourd'hui toutes les fausses idées qui eurent cours avant et après 89, sur ces habitations féodales, « ces repaires de la tyrannie, » comme on disait alors.

Loin d'avoir pour le manoir du seigneur cette sombre haine qu'on leur suppose, les habitants du pays de Bresse, au moyen-âge, le laboureur au milieu de son champ, le berger dans son pâturage, voyaient toujours avec joie, à l'horizon, la double enceinte de murailles où ils trouvaient refuge pour leur femme, leurs enfants et leurs troupeaux, et ils ne trouvaient jamais trop haut le donjon d'où, le jour et la nuit, l'on surveillait la contrée d'alentour, pour signaler l'approche de l'ennemi aux serfs dans la plaine, comme aux donjons voisins, au moyen de signaux. Le premier besoin de l'homme en société est le besoin de sûreté pour les personnes et les propriétés. Sans cette sécurité, pas de progrès matériel ni moral, pas de liberté, pas d'urbanité dans les mœurs, la société est toujours menacée de retomber dans la barbarie. Ces vieux castels du Revermont furent donc aussi chers à nos ancêtres au point de vue utilitaire qu'ils le sont aujourd'hui aux artistes au point de vue du pittoresque. C'est un acte de reconnaissance et de bon goût que d'en prendre quelque souci, de faire quelques dépenses, même municipales, pour la conservation de ces vieilles ruines qui sont comme les bornes monumentales de la première étape parcourue par la civilisation, dans la Bresse et le Revermont.

III.

Les sires de Coligny ne cherchèrent pas seulement dans la force matérielle, dans de bonnes murailles et de bonnes armures, les moyens de gouverner et de protéger les populations sur lesquelles ils régnaient. Ils comprirent qu'aucune société naissant à la civilisation ne peut s'asseoir définitivement sans un fondement religieux. Le temps a dévoré presque tous les documents qui pourraient servir à l'histoire de cette famille en ces siècles obscurs, et cependant il reste encore des traces nombreuses de la piété des Coligny.

Nous avons vu que la plus ancienne preuve bien authentique de leur existence est la charte par laquelle Manassès III, sire de Coligny en 974, donne les églises de Marboz et de Treffort à l'abbaye de Gigny. Les termes de la donation montrent quelles étaient les croyances religieuses qui faisaient agir le donataire : « Le Dieu tout-puissant a disposé ses largesses de
» manière que les hommes sur le point de mourir peuvent
» acquérir avec des choses périssables des biens qui ne péri-
» ront point. C'est pourquoi moi, comte Manassès, consi-
» dérant la fragilité humaine et me rappelant le précepte du
» Seigneur : « Faites l'aumône et toutes choses seront pures
» en vous, » et aussi : « Les richesses d'un homme sont la
» rédemption de son âme, » — Afin que le Seigneur miséri-
» cordieux daigne m'absoudre de mes crimes, que j'abhorre,

» tant pour moi que pour mon père Manassès comte, pour
» Judith, ma mère et Gerberge, mon épouse, — Je cède au
» Seigneur Dieu et aux princes des apôtres, Pierre et Paul,
» les églises de Marboz , etc. »

Ce monastère de Gigny, qui fut souvent l'objet des largesses
des sires de Coligny, était à une petite distance d'un de leurs
principaux châteaux, celui d'Andelot. Cluny, à son origine,
dépendait de Gigny ; car Bernon , abbé de Gigny, avait fondé
en 910, avec douze religieux, l'abbaye de Cluny.

En 1086, Adélaïde , veuve de Manassès III , seigneur de Co-
ligny et des pays du Revermont, confirme par une charte une
donation faite par son mari à l'abbaye de Nantua, sur sa
terre de Brion. Humbert Ier de Coligny, en 1116 , donne à la
Chartreuse de Portes tout ce qu'il possède sur son territoire.
Il peut être aussi considéré comme l'un des fondateurs de la
Chartreuse de Meyria , construite en 1116 par Etienne, de
Bourg, l'un des sept compagnons de saint Bruno.

En 1131, Humbert Ier construit la célèbre abbaye du Miroir,
près de Cuiseaux. Cette abbaye, de l'ordre de Cîteaux, fut pendant trois siècles le lieu de la sépulture des sires de Coligny,
qui avaient doté de grands biens cette fondation de leur
maison , non sans quelque regret de leur part, de temps en
temps. En 1156, un Gueric de Coligny vendit à l'abbaye du
Miroir un terrain. Il se repentit d'avoir vendu ce terrain et
le reprit par la force; mais le comte de Mâcon et l'archevêque
de Lyon l'obligèrent à le restituer.

Les sires de Coligny firent aussi de riches donations aux
abbayes de Montmerle en Bresse, d'Ambronay, d'Innimont
en Bugey , à l'église Saint-Pierre de Mâcon , à laquelle
ils donnèrent Jayat en Bresse, etc. , etc. Il serait facile, en
compulsant les annales de Bourgogne , du Lyonnais, de mul-
tiplier les preuves de leur zèle pieux se manifestant suivant
l'esprit de ces siècles, et nous pensons que, si l'on examinait
les choses de près, on reconnaîtrait qu'aucune famille souveraine d'alors , proportionnellement à sa puissance, n'a fait

plus que la maison de Coligny, en ce qui concerne les fondations pieuses, et n'est allée plus souvent à la croisade.

En 1146, Humbert de Coligny suit l'empereur Conrad en Terre-Sainte avec ses six fils, dont l'un fut plus tard l'un des principaux fondateurs du monastère de Seillon, près de Bourg. Il serait aussi trop long d'énumérer les noms des membres de cette famille, qui furent abbés, prieurs ou revêtus d'autres dignités ecclésiastiques.

Les historiens catholiques de Bourgogne ou du Lyonnais racontant aux xvi° et xvii° siècles les dévastations de monastères, accomplies par les réformés qui avaient pour chefs Coligny et d'Andelot, rappellent que tous deux descendaient d'ancêtres qui s'étaient distingués entre tous par leur zèle pour la fondation des monastères. L'appréciation du rôle religieux de la maison de Coligny au xvi° siècle n'entre pas dans le cadre du présent travail, trop restreint pour cela. Mais nous ne pouvons parler, comme nous le faisons ici, des fondations pieuses de cette maison au moyen-âge sans dire quelques mots sur le caractère et l'influence de ces fondations.

Il est facile aujourd'hui de dire qu'on eût pu s'y prendre autrement pour civiliser les Germains et les Bourguignons après la destruction de l'empire romain. Mais l'historien juste et impartial reconnaîtra le bien produit par l'organisation qu'avait adoptée la religion chrétienne au commencement du moyen-âge. Il ne s'agissait pas seulement d'empêcher ces invasions nouvelles qui menaçaient d'engloutir tous les restes de la civilisation, comme les vagues d'une mer orageuse, qui, se succédant les unes aux autres, démolissent peu à peu les restes d'un navire échoué. A cette tâche auraient pu suffire, à la rigueur, une forte organisation militaire des conquérants, les châteaux forts et la hiérarchie féodale unissant dans une défense commune les diverses parties d'un vaste territoire. Il s'agissait surtout d'arracher le seigneur féodal lui-même aux charmes de la vie barbare, à l'orgueil d'une conquête perpétuelle, aux séductions de cette vie errante et aventureuse dont les âpres voluptés répondaient si bien à tous les instincts de l'organisation puissante, mais brutale de ces races primitives. Dans le Revermont, heureusement le christianisme n'eut pas affaire à ces tribus germaines ou asiatiques qui ont laissé dans tous les pays qu'elles ont traversés des traces impérissables de leurs ravages et de leurs cruautés. Les Bourguignons s'installèrent dans notre pays avec moins de violence qu'ailleurs les autres peuples allemands. Cependant le christianisme orthodoxe, pour agir sur les Bourguignons ariens, eut naturellement recours à cette forte organisation qui avait réussi à implanter le christianisme dans la Germanie. Cette organisation était simple, presque universellement adoptée; et, à défaut d'autres moyens d'action au milieu de l'anarchie universelle, elle avait pour base la fondation des monastères.

Remarquons à ce propos les profondes différences qui distinguent les moines d'Occident des moines d'Orient. L'anachorète de la Thébaïde quitte le monde, s'enfonce dans le désert où il s'ensevelit pour toujours, vivant seul, quoique ce même désert soit peuplé d'hommes menant une vie semblable à la sienne. La solitude pour fin, au milieu de macérations dont les détails choquent la raison, voilà l'unique but de son existence. Tandis que, pour les disciples de saint Benoît ou de saint Colomban, l'isolement et la vie contemplative ne sont le plus souvent qu'un moyen pour atteindre une grande influence sur leurs semblables et constituent une discipline salutaire qui forme leur cœur et leur esprit, pour les préparer au combat avec la barbarie. L'idéal pour le Bénédictin n'est pas la solitude absolue, comme en Orient, mais la vie en commun, la formation de ces grandes associations qui sont devenues les écoles et universités de ces temps obscurs, les séminaires, les facultés de théologie, si je puis m'exprimer ainsi, où se formèrent les ministres du culte chrétien. Au xie, au xiie siècle, où trouver ailleurs que dans les couvents, dans l'est de la Gaule au moins, le moindre foyer d'instruction littéraire, artistique, industrielle et religieuse?

On n'a pas suffisamment remarqué les différences qui disinguent les moines d'aujourd'hui des moines d'alors. N'oublions point que les efforts des Bénédictins avaient surtout pour but l'organisation du culte chrétien en tout lieu par la fondation de cures ou prieurés, afin que, dans les églises construites par eux, desservies par eux, le peuple pût entendre la sainte parole et recevoir les sacrements. Mabillon a pu avec raison compter au nombre des grands services rendus par son ordre l'établissement des églises épiscopales.

Pour ce qui concerne la Bresse et le Revermont, on n'a pas attaché une assez grande importance à ce fait capital : c'est qu'avant la Révolution, toutes les cures de la Bresse, sauf un petit nombre d'exceptions, étaient indépendantes de l'archevêché de Lyon, qui n'avait sur elles qu'une juridiction nominale; presque toutes ces cures étant à la nomination des abbés d'Ambronay, de Tournus, d'Ainay, plus anciennement dans le Revermont, de l'abbé de Saint-Claude, de Gigny, etc., etc. Et cela, parce que ces abbayes avaient créé ces cures au moyen-âge par la fondation des prieurés qui étaient des espèces de fermes exploitées par des moines partageant leur temps entre la culture de la terre, la prière et la célébration du service divin. Ces moines cultivateurs ont défriché une partie de la Bresse et du Revermont, et certainement ce sont eux qui ont organisé le christianisme en ce pays.

Tout a été dit sur les services rendus par les monastères aux sciences, aux lettres et aux arts.

« Le dimanche, tout le monde lira, dit la règle de saint Benoît; le plus ancien parcourt le monastère pour voir si quelque moine paresseux se livre au repos au lieu de lire. » Cette injonction nous paraît aujourd'hui quelque chose de fort simple. C'était quelque chose de prodigieux au sein d'une société où les membres des familles souveraines savaient à peine lire. Sybille de Bâgé, souveraine de Bresse, au xiiie siècle, ne savait pas signer son nom. S'il y eut quelque part, dans ces temps d'obscurité profonde, des lieux où se conservèrent le goût et l'habitude de la lecture et de l'étude, on le doit aux monastères. Aussi l'habitant des bords de l'Ain, qui au xixᵉ siècle jouit avec bonheur de ces facilités immenses qu'offre notre temps à l'ami des lettres et des sciences, ne doit contempler qu'avec un profond respect ces vieux cloîtres romans, asile des gens studieux au moyen-âge. Sous ce cloître d'Ambronay aujourd'hui en ruines, au xiᵉ siècle se promenait, avec plein contentement et dans ce repos nécessaire aux études sérieuses, l'homme qu'une santé délicate, si commune chez les gens livrés aux travaux de l'esprit, repoussait de la société de son temps. Ce n'était qu'en franchissant la porte de l'abbaye, que cet homme pouvait échapper à la nécessité d'obéir à ces habitudes de combats perpétuels, de gloutonnerie et de plaisirs grossiers, presque universellement répandues hors des cloîtres et des châteaux.

Mais que lisait-on dans ces cloîtres? on y lisait surtout les Saintes Ecritures. Et c'est surtout des Bénédictins de l'époque primitive qu'on a pu dire qu'ils étaient les hommes d'un seul livre. Parmi les moines de Cluny, au xiᵉ siècle, on avait coutume de dire que la règle de vie la plus parfaite était contenue dans la Bible. Leur règle leur enjoignait une lecture assidue de la parole de Dieu, lecture qui était l'occupation des soirées à Cluny. La Genèse était lue en une semaine, Isaïe en six soirées, l'Epitre aux Romains en deux. Chaque moine devait savoir par cœur les psaumes et, suivant quelques règles, les Evangiles. Beaucoup de documents restent qui témoignent de l'esprit vraiment évangélique qui animait les disciples de St Benoît. Citons entre autres la belle invocation du moine Alcuin, ministre de Charlemagne : C'est toi, ô Christ! qu'il nous faut seul aimer, etc.

On trouvera peut-être un peu longue cette digression sur les monastères; mais il était difficile de parler de ce qui fut l'une des principales préoccupations de la maison de Coligny pendant deux siècles, sans chercher à caractériser l'influence de ces fondations de cloîtres et de prieurés sur lesquels nous n'avons fait d'ailleurs que reproduire l'opinion des historiens modernes ayant le plus d'autorité.

IV.

XIIe siècle. Après les six Manassès qui commencent la série des sires de Coligny, vient Humbert Ier, seigneur de Coligny et du pays de Revermont, qui succède à son père en 1090 et fonde en 1131 l'abbaye du Miroir. Il a pour successeur son fils Gueric Ier, lequel en 1147 avec Amé III, comte de Savoie, accompagne l'empereur Conrad II à la croisade prêchée à Vezelay par saint Bernard. Gueric 1er épousa Ida, fille de Girard, comte de Vienne et de Mâcon, dont la sœur Béatrice épousa le sire de Savoie. A Gueric succède son fils Humbert II, qui, avec ses vassaux en 1171, accompagne en Terre-Sainte le duc de Bourgogne. La race pieuse et vaillante des Coligny ne pouvait manquer de prendre une part active à ce grand mouvement qui souleva l'Europe entière contre les Musulmans. Nous avons trop oublié les dangers que ceux-ci firent courir à la civilisation chrétienne, et c'est un triste spectacle de voir que les nations européennes ne peuvent s'entendre pour reprendre aux fils du Coran les lieux saints et Constantinople, l'une des capitales du monde chrétien.

Humbert II eut huit enfants, entre lesquels fut partagée la sirerie de Coligny, à la mort de Humbert, qui eut lieu en 1190.

La sirerie de Coligny avait déjà été affaiblie par plusieurs démembrements. Mais ce partage nouveau de la sirerie à la fin du xiie siècle amena la décadence complète de cette puissante maison et ne tarda pas à lui faire perdre son rang de maison souveraine; car le successeur d'Humbert II fut obligé, lui le premier, de reconnaître la suzeraineté de la maison de Savoie, qui ne partagea jamais les possessions formant sa souveraineté en les concentrant presque toujours sur une seule tête. Telle fut la principale cause de la grandeur de la maison de Savoie, qui semblait dans une position moins avantageuse pour absorber la Bresse et le Bugey que la sirerie de Coligny qui occupait les deux rives de l'Ain dans tout son cours. Au xiiie siècle, si le sire de Coligny avait été encore maître du territoire possédé un demi-siècle auparavant par ses ancêtres, entre la Bresse et le Bugey, il eût été un parti plus convenable que personne autre pour Sybille de Bâgé, qui n'eut pas alors annexé la plus grande partie de la Bresse à la Savoie par son mariage avec le comte de Savoie.

Les résultats désastreux du partage de la sirerie de Coligny en huit portions ne se firent pas longtemps attendre. Le chef de la famille n'ayant plus des forces suffisantes pour se protéger lui-même, Guillaume Ier fut obligé de faire hommage-lige de la seigneurie de Coligny, en 1206, à Thomas, comte de Savoie, le même auquel les moines de Saint-Rambert avaient cédé leur château, la clef du Bas-Bugey, pour trouver protection contre leurs voisins.

La souveraineté des Coligny sur le Revermont et une partie de la Bresse avait duré trois siècles et a laissé des souvenirs durables dans ce pays qui, au sortir de la barbarie, reçut de cette illustre maison son organisation religieuse, civile, militaire et agricole. Ainsi, à la fin du xiie siècle, au moment où les ducs de Zœhringen fondaient les principales villes de la Suisse, les sires de Coligny bâtissaient ou fortifiaient tous les bourgs du Revermont : Coligny, Treffort, Ceyzériat, Pont-d'Ain, relevaient les petites villes d'Ambérieu, Poncin, Lagnieu dans le Bugey. Le nom des Coligny doit donc réveiller des sentiments de reconnaissance chez ces habitants des premières rampes des Alpes.

Dans ce partage entre les enfants d'Humbert II, Guillaume Ier l'aîné eut la moitié méridionale du bourg de Coligny, appelé Coligny-le-Neuf; Humbert III eut la partie septentrionale du bourg ou Coligny-le-Vieux (1), qui comprenait l'ancien

(1) Les historiens, entre autres le P. Anselme, font une perpétuelle confusion entre Coligny-le-Vieux et Coligny-le-Neuf. Pour ceux qui connaissent la Bresse, ou qui prendront une carte, il est bon de rappeler que Coligny-le-Vieux était du côté de la montagne et du château d'Andelot. Coligny-le-Neuf était du côté de la plaine et de Marboz.

château dans une forte position. Hugues II eut plusieurs
châteaux en Bresse et entre autres Marboz. Amé Ier eut
pour lot des terres en Bresse, plus un quart du château
de Varey et une portion de celui de St-André; singulier
arrangement qui ne devait pas faciliter la garde de ces
châteaux. Alix, qui avait épousé un sire de Thoire, lui apporta Poncin, Cerdon. Ce mariage fut une des causes principales de la grandeur de la maison de Thoire et Villars. Trois
autres portions furent aussi attribuées à trois autres enfants
dont l'un était archiprêtre à Ambronay.

V.

XIIIe siècle. — L'histoire de la maison de Coligny devient
singulièrement confuse par l'existence simultanée de plusieurs
seigneuries de Coligny. Nous avons dit que Guillaume Ier avait
eu pour sa part Coligny-le-Neuf ou la portion méridionale
du bourg. Ce seigneur avait hérité de la piété de ses ancêtres.
En 1211, il donne à l'ordre des Chartreux tout ce qu'il possède sur la paroisse de Sélignat *pro remedio animæ suæ et
omnium parentum et prædecessorum suorum*, et promet de défendre ce lieu *bonâ fide*. Il fait d'autres donations aux monastères de Meyriat, de Saint-Sulpice, *omnibus famulantibus do-
mino J. C.*, est-il dit dans cette dernière donation. Ces donations aux églises finissent par compromettre gravement la
puissance politique et militaire des sires de Coligny; ainsi,
en 1213, l'un des huit fils de Humbert II, Guillaume, chanoine de Lyon, donne à l'archevêché de Lyon son héritage,
consistant dans le château fort de Saint-André-sur-Suran et
en une portion de la ville d'Ambronay.

Le frère de Guillaume Ier, Hugues II, seigneur de Marboz et
Treffort, se croise en 1200, à l'abbaye de Cîteaux, entraîné par
Foulque, curé de Neuilly. Il laisse le gouvernement de ses
États à son frère Guillaume et donne avant de partir aux
Chartreux de Seillon le val de Saint-Martin, aujourd'hui Séli-

gnal, pour y construire une chartreuse. Villehardouin raconte
« comment se croisèrent maintes bonnes gens de Bourgogne
avec messire Hugues de Colémi, qui moult est bon chevalier
et als homme et fut mors en une chevauchée devers le roi de
Valachie. L'aigle couronné déployait ses ailes sur l'écu des
Colémi. »

Ce fut ce Hugues, seigneur de Marboz, qui étant à Ambronay avec tous ses chevaliers, prêt à partir pour la Terre-
Sainte, fit donation au monastère de Montmerle en Bresse de
terres si considérables que ce monastère se disait fondé par lui.

Guillaume Ier, seigneur de Coligny-le-Neuf, meurt sans
enfant et laisse ses biens à la fille de son frère Hugues, mort
à la croisade, Béatrix de Coligny qui, en 1220, épouse le sire
de La Tour du Pin qui acquiert ainsi deux portions de l'ancienne sirerie de Coligny, comprenant Coligny-le-Neuf, Treffort, Marboz, et ce qu'on appelait la Manche de Coligny,
c'est-à-dire Ambérieu, Vaux, Lagnieu. Toutes ces possessions
passèrent aux dauphins du Viennois par leur alliance avec
les La Tour du Pin et furent l'origine de guerres désas-
treuses pour le Bugey et la Bresse, qui durèrent 150 ans, entre
la Savoie et le Dauphiné et ne se terminèrent que par des
échanges convenables entre la Savoie et le roi de France,
héritier des Dauphins.

En 1275, Albert, sire de La Tour du Pin et dauphin de Viennois, refuse de faire hommage au duc de Bourgogne pour les
seigneuries de Marboz et de Treffort. Le duc de Bourgogne
lui déclare la guerre et s'empare du château de Marboz, et
obtient l'hommage qu'il demandait, on ne sait trop à quel
titre. Encouragé par cet exemple, Amé de Savoie, le mari de
Sybille de Bâgé, fait la guerre au dauphin Humbert et le con-
traint à lui remettre le château de Coligny-le-Neuf. Ce traité
achève la ruine politique de la maison de Coligny, et le duc
de Savoie prend désormais le titre de sire de Bâgé et de Coligny, réunissant ainsi les deux parties de la Bresse.

Coligny-le-Neuf fut donné en fief en 1337 au sire de Beaujeu, par le duc de Savoie. C'était chose déplaisante pour les sires de Coligny-le-Vieux restés en possession. La veuve de Jean II essaya de le racheter ; le marché ne fut pas réalisé. Mais Louise de Montmorency, mère de l'amiral de Coligny, acheta du comte de Chalant cette seigneurie de Coligny-le-Neuf, dont nous reparlerons.

La maison de Coligny se continua par Humbert III qui, dans le partage entre les huit enfants d'Humbert II, avait eu la partie septentrionale du bourg ou Coligny-le-Vieux ; il avait aussi le château d'Andelot.

Humbert III eut pour successeur son fils Amé II qui avait hérité des biens de son oncle Amé Ier, mort sans enfants. Amé II, en 1231, prenait le titre de seigneur d'Andelot et de Jasseron. Amé II qui avait épousé Alix de Cuiseaux eut pour successeur, Guillaume II qui mourut en 1274, ne laissant qu'une fille nommée Marguerite, laquelle épousa Guy, sire de Montluel, qui devint ainsi seigneur de Coligny-le-Vieux en 1280. Guillaume II avait un frère, Gauthier de Coligny, qui eut pour sa part le château d'Andelot.

Outre cette fille qui apporta en dot Coligny-le-Vieux au sire de Montluel, Amé II avait d'autres enfants, entre autres Etienne Ier qui possédait les fiefs de Jasseron, Beaupont, Ceyzériat, Attignat, etc., tant de son chef que comme héritier de son oncle Gauthier de Coligny qui avait épousé Alix de Commercy. Ce Gauthier ayant perdu son fils Humbert, sa veuve remit les châtellenies d'Andelot, Saint-Etienne etc. à Etienne Ier, en 1274, à cause de l'amitié qui avait existé entre son fils Humbert et Etienne.

Etienne Ier prit alors le titre de seigneur d'Andelot. En 1272, il avait prêté foi et hommage au comte de Savoie, sire de Bâgé, et avait reconnu tenir de lui tout ce qu'il possédait à Ceyzériat et en Revermont. Mais on ne voit pas qu'il ait jamais tenu de personne la seigneurie d'Andelot qui resta, ce semble, une seigneurie à peu près indépendante sous la suzeraineté purement nominale des comtes de Bourgogne.

2

En 1273, Etienne Ier renouvelle l'hommage que les Coligny devaient à l'abbé de Saint-Claude ou de Saint-Oyen, pour les fiefs de Jasseron et de Sanciat. L'histoire du château de Jasseron va nous montrer dans les donations imprudentes faites aux monastères une des causes de la décadence de la puissance politique et militaire de la maison de Coligny.

Richer de Coligny se fit religieux au monastère de Saint-Oyen-de-Joux, au temps de l'abbé Berthold auquel il donna le château de Jasseron. Ce Richer, suivant Guichenon, était fils de Manassès III, mentionné dans une donation de 974 à l'abbaye de Gigny. Dans le partage entre les enfants de Manassès, Richer avait eu probablement pour sa part ce château de Jasseron, qui devait avoir une grande importance aux XIIe et XIe siècle. Ceyzériat en dépendait. C'était une immense construction de 500 pieds de long avec deux enceintes et une grande tour de 80 pieds de haut au nord, et une tour carrée à l'ouest. Cette construction imposante faisait face aux tours du château de Bourg, qui gardait de ce côté l'extrême frontière des sires de Bâgé. On comprend combien les sires de Coligny durent regretter ce château de Jasseron placé au centre du Revermont, castel dont la perte scindait en deux leurs Etats. Ils eurent le déplaisir de voir en 1212 l'abbé de Saint-Claude l'engager aux sires de Thoire et Villars. Aussi, en 1231, ils préférèrent tenir cette seigneurie en fief de l'abbé de Saint-Claude, qui l'inféoda à Amé II, à la charge par ce dernier de rendre le château à l'abbé dès que celui-ci en aurait besoin.

Cette inféodation fut renouvelée en 1273 aux deux frères Guillaume et Etienne. Ce dernier prit le titre de seigneur de Jasseron et reconnut de nouveau, en 1281, les droits du monastère.

En 1265, Guillaume II de Coligny eut des difficultés avec l'abbé de Saint-Claude pour ce château de Jasseron. Il avait oublié, ce semble, que cette seigneurie n'appartenait plus à sa maison. Mais il fut obligé de reconnaître dans une charte très-curieuse de 1265 qu'il tenait en fief du monastère tout ce qu'il possédait à Jasseron : terres, hommes, justice, etc. ; que le château devait être rendu au commandement de l'abbé, avec tout le mobilier et tous les ustensiles pour boire et manger, sauf les vases d'or et d'argent. D'après ces conventions, personne ne pouvait défricher des terres, planter des vignes, ni vendanger sans la permission de l'abbé. Le sire de Coligny s'engageait à publier le ban de vendange au nom de l'abbé ; mais le sire avait le droit d'imposer des tailles autant qu'il lui plaisait sur les hommes de Jasseron. Par cette singulière disposition, les abbés conservaient tous les bénéfices de leur seigneurie, en abandonnant leurs serfs à la merci du sire de Coligny, qui ne devait guère épargner des gens qui n'étaient pas ses sujets.

L'abbé, qui fait si bon marché des droits des hommes de Jasseron, prend toutes garanties pour ses propres droits. Les sires de Coligny devront chaque année envoyer vivants au monastère quelques-uns des plus gros poissons de l'étang, ce qui ne devait pas être facile, vu la distance et l'état des routes. Le sire de Coligny ne pourra pas avoir pour la glandée dans la forêt de Tessonge plus de 40 porcs à lui appartenant. Cette réserve est faite dans l'intérêt des hommes de Jasseron ; mais le monastère se réserve le tiers du profit qu'ils pourront faire sur leurs porcs, plus la dixme des vignes et d'autres portions des récoltes.

Les sires de Coligny imposèrent cependant à l'abbé une réserve dans l'intérêt des familles de Jasseron. Les hommes ne pouvaient donner plus du quart de ce qu'ils possédaient en aumône au monastère.

Comme on le voit, les abbés de Saint-Claude abusaient singulièrement des droits qu'ils devaient à la piété peu intelligente de Richer de Coligny, dépouillant sa famille d'une position militaire dont l'abbé n'avait que faire. Mais toute puissance ne tarde pas à être dépouillée de ses droits, même les plus légitimes, lorsqu'elle en abuse. En 1304, Etienne, sire de Coligny et d'Andelot, fatigué de ses éternelles contestations avec l'abbé de Saint-Claude, vend et concède aux comtes de Savoie, pour un certain prix, le château de Jasseron et ses dépendances, avec ce qu'il a à Treffort, et le péage du pont de Hains, tous ses droits sur Ceyzériat et lieux voisins. Le comte Amé de Savoie promet au sire de Coligny de le garantir de tout dommage si l'abbé de Saint-Claude l'inquiète par guerre ou par procès.

Etienne de Coligny ayant ainsi vendu ce qu'il avait, c'est-à-dire le haut domaine, ou peut-être même ce qu'il n'avait pas, la maison de Coligny ne posséda plus rien dans le Revermont proprement dit, jusqu'à 1328, époque où le sire de Montluel laissa par testament à Etienne II de Coligny, son neveu, Coligny-le-Vieux qu'il avait reçu de sa mère, Marguerite de Coligny.

Le comte de Savoie, Amé V, maître de Coligny-le-Neuf, obtint à la fin du XIIIe siècle de l'empereur Henri VII l'investiture des sireries de Bâgé et de Coligny. A peu près à la même époque, en 1286, le sire de La Tour du Pin, dauphin, céda au duc de Bourgogne toutes les villes et châteaux qu'il possédait dans le Revermont, entre autres Marboz et le château de Saint-André-sur-Suran. Malgré cette cession, nous pensons qu'on a eu tort de dire, dans un ouvrage récent, que le duc de Bourgogne devint ainsi seigneur de tout le Revermont dont il ne posséda jamais qu'une portion qui ne tarda pas à sortir de ses mains.

VI.

XIVe siècle. Au commencement du XIVe siècle, l'existence de la maison de Coligny semble concentrée toute entière dans l'antique donjon d'Andelot dont la masse imposante subsiste encore aujourd'hui (1). Etienne Ier de Coligny, seigneur d'An-

(1) Le château 'Andelot appartient aujourd'hui à M. Viot, de Bourg.

delot, lui seul représente encore sa maison. Il fait son testament en 1318, le jeudi avant le dimanche où l'on chante le *Judica me*. Il lègue à l'abbaye du Miroir une métairie, afin que les moines mangent du pain blanc, même en carême; il lègue dix sols aux hostelleries ou hospitals de Coligny, de Saint-Amour, de Cuiseaux, Saint-Julien. C'étaient des établissements pour abriter les voyageurs autant que pour soigner les malades.

Etienne Ier a pour successeur Jean Ier, lequel laisse la seigneurie d'Andelot à son fils Etienne II.

En 1328, Jean de Montluel, seigneur de Coligny-le-Vieux par sa mère, Marguerite de Coligny, lègue à Etienne II son château de Coligny-le-Vieux, qui n'est plus sorti de la maison de Coligny jusqu'à son extinction au XVIIe siècle.

En 1345, Jean II, fils d'Etienne II et d'Eléonore de Villars, devient seigneur d'Andelot. En 1357, il épouse Marie de Vergy, du diocèse de Langres (1). En 1397, Marie de Vergy, dame de Coligny, fait son testament. Elle lègue à la chapelle de son château d'Andelot une rente annuelle de cinq sols et même somme à la chapelle de Coligny. Elle fait legs à ses deux filles, l'une abbesse, l'autre religieuse, et institue pour héritiers ses trois fils : Jacquemard, Antoine et Etienne, tous trois par égales portions., mais avec substitution, au profit de l'aîné Jacquemard. Antoine meurt chanoine à Lyon. Son oncle, Jacques de Coligny, avait administré le diocèse de Lyon en 1365. En 1310, Guy de Coligny était prieur de Nantua. La piété des Coligny était toujours aussi vive.

Le christianisme a été et restera la source vive de toute civilisation et de tout progrès dans les temps modernes. L'esprit évangélique, immuable dans son essence, présente dans ses applications d'infinies variétés, revêtant des formes di-

_____

(1) C'est probablement de Jean II que parle Jean de Muller, lorsqu'il dit, à propos de la guerre qu'Amédée VII, dit le comte Rouge, fit contre le Haut-Valais à la fin du XIVe siècle : « le vaillant Coligny d'Andelot vint se joindre au comte de Savoie avec un corps de Bourguignons. »

verses pour s'adapter à tous les temps, à tous les lieux. Souvent le moment même où l'on déclare la religion du Christ caduque et bonne à mourir est celui où elle se transforme pour apparaître sous des traits nouveaux, quoique toujours la même au fond; brillant alors de son éternelle jeunesse, elle entraîne après elle, rien que par l'attrait souverain de ses charmes, l'humanité dans des voies nouvelles de justice et de vérité. Aux ixe, xe siècles, elle dresse les instituts monastiques, elle organise les grandes églises épiscopales, comme de fortes digues contre lesquelles viendront se briser et s'apaiser les flots de l'invasion des barbares. Au xie, au xiie siècle, le mahométisme est sur le point de renverser les fondements même du monde chrétien, la foi en la divinité du Christ, la monogamie..... mais par une inspiration subite, toutes les nations chrétiennes se précipitent à la fois sur l'Orient, et dans cet effort commun acquièrent pour la première fois le sentiment de l'unité qui les relie. Au xiiie, au xive siècle, l'émancipation des serfs ne peut plus être retardée. C'est le principe chrétien qui délivre les peuples nouveaux des langes de leur enfance. Et presque partout c'est le clerc, seul notaire existant, qui écrit les chartes d'affranchissement.

La maison de Coligny, qui avait pris une part si active à l'organisation du culte chrétien en Bresse, ainsi qu'aux croisades, ne pouvait rester étrangère au mouvement d'émancipation des communes. Dans ce qui lui reste de bourgs, débris de son antique grandeur, elle concède des chartes très-libérales pour l'époque. En 1283, Etienne de Coligny et l'abbé de Saint-Claude accordent à leurs hommes de Jasseron par une charte : « la liberté vraie, pure, légitime et perpétuelle. »

En 1289, Marguerite de Coligny, femme de Guy de Montluel, agissant comme dame de Coligny-le-Vieux, accorde pleine et perpétuelle liberté aux habitants de Coligny, après avoir pris l'avis de ses chevaliers et nobles et de beaucoup d'autres hommes probes, ses amis. Dans cette charte comme dans celle de Jasseron, le seigneur s'engage à protéger ceux qu'il affranchit : « Quiconque usera de violences ou d'injures envers un de nos bourgeois n'aura pas de paix avec nous ou nos successeurs jusqu'à entière réparation du dommage. » Le seigneur promet de maintenir à tous les habitants la paix et la sécurité des personnes et des choses, auxquelles il ne sera, par lui, porté aucune atteinte soit par arrestation ou par machination occulte ou ouverte. Et, comme garantie, il est concédé que du côté des bourgeois seront constitués deux bourgeois changeables à leur volonté, et du côté du seigneur deux chevaliers pour juger les différends qui pourront s'élever entre les deux parties; et si ces quatre arbitres ne peuvent parvenir à s'entendre, on joindra à eux un cinquième arbitre, expert en droit. Ce mode d'arbitrage est celui que l'on retrouve si souvent dans l'histoire des cantons primitifs de la Suisse, comme le moyen le plus usité pour accorder les habitants des cantons émancipés et les seigneurs.

La charte de Coligny accordait aux habitants le droit de chasser et de pêcher librement, réglait les cas où ils devaient aller à la guerre pour leur seigneur et établissait une sorte de jury pour déterminer les amendes dues pour les injures, violences, crimes (*ad estimationem bonorum virorum burgensium*).

A Coligny, comme dans toutes les chartes de la Bresse et pays voisins, le seigneur se soumettait à la juridiction de l'archevêché de Lyon, qui prenait ainsi sous sa garantie les libertés civiles de ceux qui dépendaient de sa juridiction spirituelle, nominalement au moins.

Rappelons aussi que ce fut Béatrix de Coligny, femme du sire de La Tour du Pin, qui concéda leurs priviléges et immunités aux villes d'Ambérieu, Poncin, Lagnieu, situées dans le Bas-Bugey, ainsi qu'à Treffort et Saint-Trivier-en-Bresse, toutes ces villes, anciennes possessions des sires de Coligny.

VII.

XV⁰ siècle. Jacquemard ou Jacques I⁰ʳ est seigneur de Coligny et d'Andelot en 1401. Le duc de Savoie, en 1419, le met en possession de la seigneurie de Beaupont qu'il tenait en hommage-lige du duc. On ne voit pas qu'il ait fait hommage au duc d'autres seigneuries.

En 1421, Jacques I⁰ʳ rend foi et hommage au duc de Bourgogne pour les seigneuries qu'il tient du chef de sa femme, Huguette de la Baume; mais il n'est pas question, dans Dubouchet du moins, d'hommage au duc de Bourgogne pour Coligny-le-Vieux et Andelot, qui auraient ainsi constitué une sorte de seigneurie indépendante, laquelle, enclavée dans le comté de Bourgogne, était considérée comme en faisant partie.

Par son testament fait en 1434, *en la grande cour de son châtel d'Andelot*, Jacquemard institue pour héritier son fils Guillaume d'Andelot. Il ordonne que Jean, son fils, soit pourvu d'un bénéfice de la Sainte Église, et que deux de ses filles soient de religion. Il règle l'ordre de sa sépulture qui aura lieu à l'abbaye du Miroir avec 400 chapelains et 13 pauvres créatures de J.-C., habillés de noir, portant des torches. Dubouchet donne sur l'ordre observé à l'enterrement de ce Jacquemard un long mémoire auquel nous empruntons quelques détails intéressants pour l'histoire des mœurs du temps. Vient d'abord la liste de ceux qui doivent se trouver aux obsèques de *monseigneur* de Cologné et d'Andelot : parmi les ecclésiastiques, les abbés de Gigny, de Tournus, l'archidiacre de Lyon, etc.; parmi les séculiers, monseigneur le Prince, monseigneur d'Arguel et beaucoup d'autres des plus illustres familles de Bourgogne et de Bresse, mais n'ayant cependant que le monsieur devant leur nom et leur titre; ce qui prouve que les Coligny avaient le pas sur eux tous.

S'ensuit ce qui est nécessaire pour les grands repas qui

doivent suivre les obsèques : froment pour pain, 24 quartes; vin blanc, 6 queues; moutarde de Valois, 12 pintes à acheter à Genève. La moutarde de Genève avait alors la réputation acquise plus tard par la moutarde de Dijon. *Item*, grosse chair, 4 bœufs, 6 douzaines de moutons, 8 porcs de rôt, 1 porc pour larder. *Item*, poulailles, 600 chiefs, oies grasses, si on peut les finer, 4 douzaines. *Item*, sangliers, perdrix, etc., etc. 400 œufs et 4 douzaines de fromages pour faire farces et tartres. *Item*, espices, poivre, 3 livres; canelle, 3 livres; sucre, 4 livres, etc. *Item*, un millier de vaisselle de bois, 20 aunes de toile pour couvrir le buffet et nettoyer les cuisiniers, un millier de verres, et l'on pourra les marchander à un verrier, que l'on sache combien il aura pour ceux rompus, et les autres qu'il les reprenne. *Item*, pour l'hypocras, selon l'avis de l'apothicaire de Lons-le-Saunier, qu'il faudra mander pour faire les poudres et espices. *Item*, conviendra faire venir le maître d'hôtel et deux cuisiniers de monseigneur le Prince (le duc de Bourgogne).

Jacquemard désigne pour exécuteur de son testament Jean, bâtard d'Andelot, auquel il laisse une forte somme pour ses *agréables services*, comme châtelain et gouverneur des châteaux de Coligny et d'Andelot. Dans beaucoup de testaments des sires de Coligny, on les voit s'occupant de l'avenir de leurs fils et filles naturels. Malgré leur grande piété, les seigneurs du moyen-âge étaient loin du rigorisme actuel sur ce chapitre. Les mœurs du temps se rapprochaient, sous ce rapport, des usages des anciens, constatés par le droit romain. Qu'on se rappelle le rang, presque égal à celui des enfants légitimes qu'occupent au xve siècle le grand bâtard de Bourgogne, tué à Morat, et le bâtard de Savoie, frère de Philibert-le-Beau.

Jacquemard suivit en Hongrie le comte de Nevers et se trouva à la bataille de Nicopolis en 1396. A son retour il épousa Huguette de La Baume, seule héritière des biens de sa maison qui possédait plusieurs châteaux forts dans le val du Suran : Fromente, Buenc, etc. Il accompagna le duc de Bourgogne avec 20 écuyers, lorsque celui-ci alla demander au roi de France vengeance de la mort de son père.

A Jacques Ier succède Guillaume II qui, en 1437, épouse Catherine de Saligny, qui apporta aux Coligny le château de Châtillon-sur-Loing, si célèbre comme résidence de l'amiral de Coligny. Ce n'est pas à Guillaume II qu'il faut attribuer l'établissement des Coligny en France; car il résida surtout en Bresse où il choisit, ainsi que sa femme, le lieu de sa sépulture à l'abbaye du Miroir. Il fut aussi l'un des deux gentilshommes et maîtres d'hôtels des Etats de Savoie, chargés de jurer pour le duc de Savoie le traité que ce prince fit avec le roi, Charles VII, en 1455. Par son testament de 1457, il institue son fils aîné Jean héritier de ses seigneuries de Coligny, Andelot, Beaupont; il lui donne aussi le château de Fromente-sur-Suran, que lui avait apporté sa femme Huguette de La Baume. Quant à la seigneurie de Buenc, près Hautecourt, qui lui venait aussi de sa femme, Guillaume légua ce château à son fils Antoine qui eut aussi de son oncle Etienne le château de Cressia. Antoine de Coligny fut la souche des seigneurs de Cressia et de Verjon; cette branche s'éteignit en la personne de Joachim qui vivait encore en 1650, qualifiée par Guichenon du titre de marquis de Coligny et d'Andelot, titre porté à la même époque par la branche aînée de la maison. On peut expliquer cela en rappelant que la branche des seigneurs de Cressia, qui ne cessa pas d'être catholique, étant entrée au service de l'Espagne au xvie siècle, obtint de Philippe II la permission de porter les titres de la branche aînée protestante, dont ce roi avait confisqué les seigneuries situées près de la Franche-Comté.

Le second fils de Guillaume, Lourdin, prit les titres et les armes des seigneurs de Saligny, maison illustre de Bourgogne, qui s'était éteinte en la personne de Catherine de Saligny, sa mère. Lourdin fut donc la souche des Coligny-Saligny qui remplirent les premiers emplois à la cour de France jusqu'à l'extinction de cette branche en 1694.

Jean III, seigneur de Coligny, d'Andelot et de Châtillon-sur-Loing, épousa en 1464 Helgenor de Corcelles dont le testament, à la date de 1508, contient la première preuve bien authentique du séjour des Coligny en France. Helgenor choisit pour lieu de sa sépulture l'église de Saint-Pierre à Châtillon-sur-Loing et fait des legs aux Hôtels-Dieu de Montargis et de Paris.

Ce fut donc Jean III, grand-père de l'amiral de Coligny, qui établit en France la principale résidence de sa maison dans les dernières années du xve siècle. Jean III avait pris parti pour Louis XI dans la guerre du bien public contre Charles-le-Téméraire, ce qui dut rompre les bonnes relations entre les Coligny et les ducs de Bourgogne. Depuis que les ducs de Savoie étaient devenus maîtres de la presque totalité des seigneuries que leurs ancêtres avaient possédées en Bresse et Revermont, les Coligny, quoiqu'à peu près indépendants, se rattachaient cependant au comté de Bourgogne plus qu'à aucun autre pays. Ainsi les historiens étrangers en parlent toujours comme d'une famille de Bourgogne. Jean de Muller (VIII, 152,) parlant des événements qui suivirent la chute de la puissance bourguignonne, par la mort de Charles-le-Téméraire, dit que par sa violence et par sa ruse Louis XI indisposa contre lui tous les seigneurs puissants de la Haute-Bourgogne, parmi lesquels il compte les d'Andelot. Cependant les Coligny ne prirent point parti pour l'empereur Maximilien lorsque celui-ci prit possession du comté de Bourgogne, au nom de sa femme, Marie, fille de Charles-le-Téméraire, et préférèrent suivre le parti de la France. Leur conduite en cette occasion prouve assez l'indépendance presque complète de leurs seigneuries, quoique Coligny-le-Vieux et Andelot fussent enclavés dans le comté de Bourgogne.

Il semble qu'il ne peut y avoir de doute sur les motifs qui déterminèrent les Coligny à se fixer en France. Les seigneuries qu'ils possédaient en ce pays offraient une magnifique résidence, plus agréable à habiter que leurs châteaux peu riches du Revermont. Leur maison, trop affaiblie par d'imprudents partages, devait nécessairement vivre dans la dépendance d'un de ses puissants voisins, l'empereur ou le duc de Savoie, ce dernier, maître des anciennes possessions des Coligny, ce qui devait leur rendre sa domination particulièrement désagréable. Puisqu'ils devaient forcément dépendre de quelqu'un, les Coligny préférèrent se mettre au service de la France, indiquant ainsi à leurs anciens sujets de la Bresse et du Revermont la voie qu'ils devaient suivre un siècle plus tard. Devenus français les Coligny ne tardèrent pas à atteindre une grandeur qui donna à leur maison une influence égale à celle de beaucoup de maisons souveraines. Mais tout en habitant Châtillon, au centre de la France, les membres de la famille portèrent toujours de préférence les noms de leurs seigneuries du Revermont, dont ils ont rendu les noms immortels : Fromente, Coligny, Andelot.... Ils voulaient par ce moyen rappeler que, quoiqu'habitant la France, ils se considéraient toujours comme appartenant au pays dont ils avaient été anciennement les souverains. Et Guichenon l'entendait bien ainsi, lorsqu'il rangeait la famille de Coligny parmi les familles bressanes dont il donne la généalogie. Comment aurait-il pu omettre dans cette liste une famille qui avait résidé en Bresse pendant cinq ou six siècles et qui avait possédé une partie de ce pays en pleine souveraineté pendant trois siècles ?

VIII.

XVIe siècle. Jean III de Coligny eut deux fils qui prirent rang parmi les plus célèbres capitaines des Français pendant leurs grandes guerres d'Italie, aux XVe et XVIe siècles. Les noms des deux frères figurent d'abord dans le récit d'un pas d'armes qui eut lieu à Saudricourt, près Pontoise. Ledit combat fut publié à Paris, à son de trompe, le 24 août 1493. En tête des dix qui offraient le combat à tous venants sont : Jacques et Gaspard de Coligny d'Andelot, conducteurs de la bande. Le récit du pas d'armes renferme quelques détails qui montrent bien l'esprit qui animait la noblesse d'alors : « Pour ce que tout vrai cœur qui tend à bonne renommée doit quérir et parfaire la volonté des dames dont toute perfection de valeur sort et procède. Et au château de Saudricourt font leur demeure les meilleures et les plus parfaites nourrices de toute chevalerie. Il est dit que nul ne peut entrer dans ledit château qu'à grand travail de puissance d'armes, ainsi que le requiert la haute bonté et beauté d'icelles. Lesdits écuyers qui ont la garde dudit château combattront en vue des dames, la plus souveraine joie que au monde on saurait voir. » Ce pas d'armes eut probablement une grande influence sur l'avenir de la maison de Coligny. Car à Saudricourt se trouvait Louise de Montmorency, mère des trois frères qui jouent un si grand rôle au xvie siècle. Et elle eut en cette brillante réunion occasion de distinguer et d'apprécier Gaspard de Coligny, qu'elle épousa.

En 1494, les deux frères firent un apprentissage plus sérieux du métier des armes. L'aîné, Jacques, accompagna le roi Charles VIII lorsqu'il partit de Lyon pour conquérir le royaume de Naples. On le voit briller dans les lices et joûtes auxquelles le roi présida à Naples pour célébrer sa victoire. Les deux frères figurent encore comme deux des chevaliers les plus accomplis dans un grand tournois qui a lieu à Lyon, en 1500, devant la reine de France.

En 1500, le roi Louis XII met en mer un *grand navigeage* pour aller combattre les Turcs en Grèce. *Plusieurs vertueux gentilshommes* entreprennent le voyage. Jacques de Coligny, en qui coulait le vieux sang des croisés du moyen-âge, monte le premier à l'assaut de Métélin. Un Turc lui lança à la tête une pierre qui le renversa. On l'emporta comme mort ; il ne mourut pas cependant, et à son retour il épousa Blanche de Tournon en 1505.

A la bataille d'Agnadel se trouvent Jacques de Coligny et

son frère Gaspard qui s'appelle alors monsieur de Fromente,
« homme chevalereux, » disent Champier et Guichardini, « qui,
à cette journée et à Naples, fit plusieurs vaillances. » Brantôme
raconte que Jacques de Coligny fut tué à côté de Bayard, au
siége de Ravenne : « dont ce fut grand dommage, dit-il; il
avait été un des plus grands favoris du roi Charles VIII. »

Jacques II de Coligny mourut sans enfant et laissa pour
héritier de tous ses biens et titres son frère qui se qualifiait
ainsi qu'il suit : Gaspard Ier, comte de Coligny, seigneur de
Châtillon, d'Andélot, Fromente, etc. (1), chambellan et con-
seiller des rois Charles VIII, Louis XII, François Ier, chevalier
de l'ordre et maréchal de France.

Gaspard Ier se distingua en Italie contre les Espagnols en
1500, avec le Dauphinois Bayard, le Bressan Chandée. Il épousa
en 1514 Louise de Montmorency, veuve du sieur de Mailly.
En 1515, il se trouva à Marignan, et François Ier, pour récom-
pense des services rendus pendant la conquête du duché de
Milan, le nomma maréchal de France « pour réprimer, dit
le roi, les pilleries des gens de guerre en France. » Il était en
grande estime pour la discipline qu'il avait mise parmi ses
gens d'armes. C'était, disait-on, un trait commun aux Coligny. On sait que ce fut l'amiral de Coligny qui, sous Henri II,
organisa l'infanterie française par ses célèbres ordonnances
qui, dit Brantôme, « ont sauvé la vie à un million d'hommes
au xvie siècle et autant de leurs biens. Car auparavant ce
n'étaient que brigandages, rançonnements, querelles et pail-
lardises parmi ces bandes. » Du Bellay, dans ses mémoires parlant des opérations militaires et des négociations qui suivirent
la défense de Mézières par Bayard, dit que c'était par le conseil
de Gaspard Ier de Coligny que la plus grande partie des choses
se conduisaient. François Ier l'avait dépêché pour secourir

(1) L'amiral de Coligny s'appela dans sa jeunesse monsieur de Fromente. Fromente est un castel très-ancien dont les ruines sont un des
ornements les plus pittoresques des rives du Suran, à trois lieues de
Bourg.

Fontarabie, lorsqu'il mourut en 1522, à Dax, près de Bayonne.

Gaspard Ier laissa trois fils. L'aîné, Odet de Châtillon, fut cardinal-archevêque de Toulouse et évêque de Beauvais, abbé de douze abbayes parmi les plus belles qu'il y eut en France. Il renonça à ces bénéfices pour suivre ses deux frères dans le parti de la réforme. Ce fut le cadet, François d'Andelot, qui adopta le premier les opinions nouvelles dans lesquelles il entraîna ses deux frères. Le puîné, si célèbre sous le nom d'amiral de Coligny, continua la famille sous le nom de Gaspard II, comte de Coligny, seigneur de Châtillon, d'Andelot, Beaupont, Chevignat, colonel-capitaine-général de l'infanterie française, amiral de France, etc., etc.

L'amiral de Coligny peut être rangé parmi ceux qui ont donné la plus haute idée de la grandeur que peut atteindre l'âme humaine luttant contre l'adversité. *Je les espreuve toutes* était la devise de sa maison, devise vraiment prophétique en ce qui le concerne. Comme son petit-fils Guillaume III, roi d'Angleterre, il fut presque toujours malheureux dans les grandes batailles qu'il livra. Mais il était si inébranlable dans le malheur, si plein de ressources, qu'on prit l'habitude de dire qu'il n'était jamais plus à craindre qu'après une défaite Quatre fois on crut avoir anéanti son armée et le parti dont il était le chef, quatre fois il se releva plus fort qu'auparavant. Et ce fut surtout cette prodigieuse habileté à réparer ses pertes qui lui valut d'être compté parmi les premiers hommes de guerre de son siècle; sa renommée remplissait l'Europe et même l'Orient : «lors, » dit Brantôme, « de l'amiral de France il en était plus parlé que du roi de France. »

On s'est trop attaché à présenter Coligny comme le héros d'un parti. Ce qu'il soutint en religion, ce fut moins telle ou telle doctrine que le principe de la liberté religieuse commune à tous, catholiques ou réformés. Ce fut lui qui ôta tout commandement au cruel baron des Adrets, lequel, de dépit, se fit catholique. Et le sentiment qui domin   oujours dans son cœur toute autre préoccupation fut le désir de voir la France grande au dehors et paisible au dedans. Lorsque ses amis le dissuadaient d'aller à Paris en 1572 pour faire adopter au roi Charles IX ses projets de guerre contre l'Espagne, on lui disait qu'il courait à une mort certaine, il répondait « qu'après les tourments qu'il avait éprouvés à la vue des horreurs des guerres entre Français, il aimait mieux se laisser traîner mort par les boues de Paris qu'à la guerre civile. » Faire la guerre au roi d'Espagne pour n'avoir plus la guerre entre Français, tel était le conseil sensé qu'il donnait à Charles IX, auquel il offrait de faire sortir du royaume 20,000 hommes, la meilleure portion de ces armées réformées qui tenaient en échec le roi de France depuis dix ans : nous ferons notre roi maître des Pays-Bas, disait-il, ou nous y mourrons tous. Charles IX préféra les conseils des courtisans italiens, et bientôt le duc d'Albe put dire : « l'amiral mort, la France a perdu un grand capitaine, et c'est un grand ennemi de moins pour l'Espagne. » Et ce n'était pas seulement aux dépens de l'Espagne qu'il voulait grandir la France. L'ambassadeur d'Angleterre fut chargé d'exprimer à Catherine de Médicis la douleur que la reine Elisabeth avait éprouvée en apprenant la mort de l'amiral. « Savez-vous, » lui dit Catherine en lui montrant une correspondance secrète, « que l'amiral recommandait au roi de tenir bas le roi d'Espagne et la reine d'Angleterre. » — « Il est vrai, Madame, » répondit l'ambassadeur, « il était mauvais anglais, mais très-bon français. »

Sous ce rapport, tous les historiens impartiaux lui rendent justice, surtout Mezeray si sévère pour les réformés. Sans cesse à la recherche de tout ce qui pouvait augmenter la puissance morale et matérielle de la France, Coligny fut le premier qui pensa sérieusement à lui créer des colonies. Il en fonda même deux de sa propre initiative : l'une au Brésil, l'autre dans l'Amérique du Nord. Ces deux établissements qui existèrent longtemps avant ceux des Anglais ne durèrent pas ; étant abandonnés par la mère patrie, ils furent détruits par les Espagnols.

Les travaux récents sur l'histoire du XVIe siècle ont encore grandi la figure de l'amiral que la Bresse peut revendiquer comme l'un de ses enfants. En effet, quel que fût le lieu de sa naissance, Gaspard II de Coligny appartenait avant tout au pays dont il portait le nom, au pays que ses ancêtres avaient possédé en toute souveraineté pendant plusieurs siècles. « Cette famille est nôtre depuis cinq siècles, » disait au XVIIe siècle l'historien de la Bresse, Guichenon. Et malgré la résidence récente de sa famille à Châtillon, l'amiral reconnaissait lui-même qu'il était avant tout bressan, lorsqu'il prenait tant de soin pour constater juridiquement qu'il continuait la série des sires de Coligny, lui, vingtième du nom, comme nous le verrons plus loin.

IX.

Le cadre limité de cet essai ne nous permet pas d'aborder l'histoire des grands événements auxquels les trois frères de Coligny eurent une si grande part pendant le cours du XVIe siècle. Mais nous croyons devoir ajouter quelques détails sur l'histoire des seigneuries de Coligny et d'Andelot jusqu'à l'extinction de la famille de Coligny au milieu du XVIIe siècle.

D'après diverses circonstances, il est permis de conjecturer que l'amiral de Coligny méditait des projets assez importants relativement aux antiques possessions de sa maison en Bresse. Sa mère, Louise de Montmorency, avait racheté Coligny-le-Neuf du comte de Chalant, qui la tenait par héritage de la maison de Beaujeu. Cette vente suscita d'assez grandes difficultés qui furent écartées par le duc de Savoie, Philibert-Emmanuel, le vainqueur de Saint-Quentin; lequel avait pour l'amiral, qu'il avait fait prisonnier en cette célèbre journée, une estime particulière. La seigneurie de Coligny-le-Neuf était restée trois cents ans hors des mains de la maison de Coligny.

Lorsque l'amiral devint le chef des réformés en France, le roi d'Espagne, Philippe II, confisqua en 1563 les seigneuries de Coligny-le-Vieux , de Coligny-le-Neuf et d'Andelot comme dépendances du comté de Bourgogne. Ce ne fut qu'en 1617 que Charles, fils de l'amiral, obtint de l'Espagne main-levée de cette confiscation, à la condition que ces seigneuries n'appartiendraient jamais qu'à des catholiques.

Charles de Coligny, frère de François, qui continua la famille, laissa toutes ces seigneuries à son neveu Gaspard III qui obtint en 1643 l'érection de la terre de Coligny en duché-pairie. Mais en 1646 son fils Gaspard IV demanda au roi que son duché fût mis sous le nom de Châtillon.

Après l'extinction de la famille des Coligny, quarante ans plus tard, ces seigneuries furent de nouveau divisées et vendues. Sous Louis XIV, Coligny-le-Neuf était en Bresse et avait le titre de comté. Coligny-le-Vieux était un marquisat et dépendait de Franche-Comté. Ces deux titres ont été depuis lors portés et même le sont encore par diverses familles qui achetèrent les seigneuries sans qu'aucune de ces familles puisse prétendre à aucun lien de parenté avec les anciens Coligny.

L'amiral de Coligny avait conçu des espérances bien différentes de cette triste réalité au sujet des restes de la sirerie de Coligny. En 1564, il avait envoyé à la cour de Savoie un jurisconsulte français pour la poursuite des droits de la souveraineté de Coligny. Dans un long mémoire (voir Dubouchet), ce délégué exposa au sénat de Chambéry qu'Etienne de Coligny, souverain et fils de souverain, avait, le premier de sa maison, en 1304, fait serment de fidélité au comte de Savoie, mais par des conventions en forme de ligue ou confédération entre les maisons de Coligny et de Savoie, s'engageant à se prêter mutuellement assistance par suite de l'amitié héréditaire entre les deux maisons. Le sire de Coligny dans cette convention n'était pas qualifié de *fidelis* comme les vassaux ordinaires. Le service personnel de vassal n'était dû par lui que pour les seigneuries de Beaupont et de Beauvoir. De la même manière, les ducs de Savoie reconnaissaient les rois de France pour leur souverain seigneur pour la baronnie de

Montluel et faisaient aussi hommage à l'empereur, sans que cela leur ôtât leurs droits de souverain sur leurs sujets.

Le député de l'amiral expliquait aussi pour quels motifs les sires de Coligny avaient délaissé aux comtes de Savoie Jasseron, Ceyzériat, Pont-d'Ain. C'était pour avoir en pleine souveraineté leurs seigneuries de Coligny-le-Vieux et d'Andelot, afin de conserver en ce petit coin de terre la splendeur et la dignité de leurs pères. Ces droits de pleine souveraineté étaient manifestes d'après tant d'anciennes chartes constatant que dans maintes villes et abbayes de la terre de Coligny, appelée maintenant Bresse, les ancêtres de l'amiral avaient constamment joui des droits royaux, réservant la peine de mort à leur gré, ayant droit d'asile en leurs terres, prenant les dîmes, levant les tailles à discrétion, donnant franchises et lois générales. Ainsi, il est rappelé que la fille de Hugues de Coligny, mort ès-guerres de Syrie, Béatrix, de laquelle sont sortis les dauphins de Viennois avait donné les franchises de Saint-Trivier-de-Courtes, de Marboz, de Treffort et avait laissé tant d'autres marques de la dignité souveraine que les paysans bressans tiennent par opinion ancienne qu'elle était reine.

L'amiral concluait en disant que la terre dont il portait le nom et les armes était un fief immédiat du saint Empire romain, ce qu'aucun vassal du duc de Savoie ne pouvait dire, et il demandait au duc la reconnaissance de l'indépendance de sa souveraineté, en s'engageant à tenir toujours comme vassal de son altesse les seigneuries de Beaupont et de Chevignat.

On ignore quelle réponse fut faite par le duc de Savoie. Il serait intéressant de rechercher dans les archives de Savoie les suites de cette affaire à laquelle l'amiral ne put donner suite, trop absorbé par les guerres de religion qui lui coûtèrent la vie. Mais on peut, ce semble, conjecturer d'après ces indices et d'autres encore que l'amiral rêva pour lui et sa maison le recouvrement de la pleine souveraineté dont avaient joui ses ancêtres. Pendant que son rival, le duc de Guise ne pensait à rien moins qu'à mettre la main sur la couronne de France, l'amiral cherchait probablement à se tailler entre France, Savoie, Suisse jet Bourgogne une petite principauté sous la suzeraineté de la France, où il put jouir de la liberté religieuse pour laquelle il avait tant combattu. Ce petit Etat, placé à la porte de Genève, à peu près dans les mêmes conditions que le comté de Montbéliard à la porte de Bâle, eût assuré aux Coligny une sécurité pour leurs personnes et leurs propriétés, qu'ils ne pouvaient jamais trouver à Châtillon-sur-Loing dont les immenses richesses furent si vite la proie des ennemis de la maison de Coligny.

Ce projet contribua peut-être pour quelque chose à l'ardeur avec laquelle l'amiral poursuivit auprès de Charles IX la mise à exécution de son plan grandiose de ligue et de guerre contre la maison d'Autriche, plan qui fut repris par Henri IV et mené à bonne fin par Richelieu et Louis XIV. L'Espagne et son allié Charles-Emmanuel étant vaincus, il eût été facile à l'amiral d'agrandir la seigneurie de Coligny à leurs dépens en Bresse et en Franche-Comté. Il conciliait ainsi le soin des intérêts de sa maison avec sa préoccupation constante des intérêts véritables de la France dont nul plus que lui ne désira la grandeur.

On peut rattacher à ces vues de l'amiral sur la reconstitution de l'ancienne souveraineté de sa famille en Bresse et Bugey son second mariage avec Jacqueline de Montbel, d'une des familles les plus puissantes du Bugey. Ce mariage assurait à la maison de Coligny des droits sur plusieurs châteaux forts sur la rive gauche de l'Ain, comme au temps où elle possédait presque tout le Bas-Bugey. L'amiral attachait certainement une grande importance à ces droits de sa femme, seule héritière des biens de sa maison. Car après son second mariage qui eut évidemment un but politique (il était vieux, cassé, avec plusieurs enfants), il faisait suivre son titre de comte de Coligny de ceux de comte de Montbel et d'Entremont, avant le titre de seigneur de Châtillon. S'il eût vécu, ce

mariage aurait peut-être rendu aux Coligny ce qu'ils avaient
perdu trois siècles auparavant par le mariage de Béatrix de
Coligny avec le sire de La Tour du Pin.

Le duc de Savoie ne se fit pas d'illusion à cet égard. Car il
défendit ce mariage à la comtesse d'Entremont. Mais la comtesse s'échappa des États du duc et vint à la Rochelle pour
avoir nom, avant de mourir, disait-elle, la *Martia* de ce Caton.
Le duc confisqua tous les biens de la fugitive. Après la mort
de l'amiral, il parvint à s'emparer des personnes de sa veuve
et de sa fille. Il fit subir à la mère les traitements les plus indi-
gnes, malgré tous les efforts d'Henri IV pour obtenir sa déli-
vrance. La comtesse fut accusée non-seulement d'hérésie, mais
de sorcelleries, d'avoir adoré le diable, quoique la pauvre
dame, au dire du cardinal d'Ossat, n'eût pas d'autre péché
à se reprocher que l'envie que le duc de Savoie avait de son
château fort d'Entremont pour s'en servir contre la France.
La comtesse d'Entremont qui était aussi marquise de Saint-
André-de-Briord termina par une belle et chrétienne mort sa
lamentable existence. Et le duc de Savoie ne relâcha sa fille
Béatrix qu'après lui avoir fait faire un assez triste mariage
avec un homme incapable d'inquiéter en quoi que ce soit la
maison de Savoie.

X.

L'amiral de Coligny eut de sa première femme, Charlotte
de Laval, plusieurs enfants. Sa fille, Louise de Coligny, veuve
de Téligny, épousa Guillaume d'Orange, fondateur de la répu-
blique hollandaise. Elle fut la grand'mère de ce Guillaume III
qui renversa les Stuart et fonda la monarchie constitution-
nelle d'Angleterre. L'historien anglais Macaulay remarque
avec soin les ressemblances de caractère, de génie, existant
entre Guillaume III et son bisaïeul, l'amiral de Coligny. La
dernière duchesse d'Orléans descendait aussi de Coligny, par
les Nassau, à la neuvième génération.

La maison de Coligny fut continuée par François Ier de Coligny, l'un des serviteurs les plus utiles et les plus dévoués d'Henri IV. Après la mort de son père, il reçut en Suisse l'hospitalité la plus cordiale, ainsi que le reste de sa famille. Il revint en France en 1575, prit part à toutes les batailles qui amenèrent Henri IV sous les murs de Paris. Ce fut lui qui fixa la victoire à Arques par une charge impétueuse. Il mourut à trente ans, comblé de dignités par Henri IV. Quoiqu'il fût resté réformé jusqu'à sa mort, le père Daniel dit de lui que c'était un des plus braves seigneurs de France.

Après François Ier, le chef de la maison de Coligny fut Gaspard III. A quinze ans, il s'appelait monsieur de Beaupont. Il devint en 1620 maréchal de France. Il resta réformé; mais, de son vivant, son fils se fit catholique. Le maréchal de Châtillon avait toute la confiance du cardinal de Richelieu qui l'employa beaucoup.

Son fils Gaspard IV, qu'on appelait le marquis d'Andelot, se distingua à la bataille de Rocroi. Il fut tué en 1649 à Charenton pendant les guerres de la Fronde. Son fils, qui était le vingt-quatrième du nom de Coligny, mourut célibataire en 1657, victime de la coquetterie de la trop célèbre madame de Longueville, dans un duel avec un seigneur de la maison de Lorraine.

Ainsi finit la maison des anciens souverains de Bresse et du Revermont. Ce fut une perte pour la France comme pour la Bresse; car parmi les forces vives d'une nation on doit compter l'existence de ces grandes familles dont le nom et les titres rappellent les faits les plus anciens, les plus glorieux de l'histoire d'une nation, d'une province. L'antiquité de ces familles est pour un pays un ornement que rien ne peut remplacer, semblable à ces arbres au tronc séculaire, à ces chapelles moussues, à ces tours en ruines qui sont l'honneur du paysage qui les entoure.

Le prestige d'une grande naissance est non-seulement une source de rêveries et de sentiments pleins d'attraits pour l'ima-

gination ; un beau nom constitue aussi une puissance réelle,
surtout à de certains moments. Ainsi, tant qu'une opinion
nouvelle, un parti nouveau n'ont pas su enrôler parmi leurs
défenseurs quelques-unes de ces familles qui ont le privilége
d'entraîner les masses par la seule autorité de leur nom, plus
fort que les plus beaux raisonnements, cette opinion, quelque
vraie qu'elle puisse être, s'établira malaisément; ce parti,
quelque légitimes que soient ses aspirations, sera impuis-
sant à fonder rien d'incontesté. Le plus grand malheur de
la Révolution en France a peut-être été d'avoir, par ses
excès, inspiré aux classes supérieures une profonde méfiance.
Rien n'est plus regrettable pour la France nouvelle que la
rareté de ces grandes familles libérales si nombreuses en
Angleterre; car rien n'est plus avantageux pour le bien
d'un pays que l'alliance des familles anciennes et des idées
nouvelles.

Le plus souvent le progrès social et politique n'a lieu que
par une transaction entre l'esprit d'innovation et les institu-
tions du passé. Qui peut être mieux placé pour opérer cette
transaction que ces familles qui, représentant le passé, modè-
rent facilement un mouvement de réforme lorsqu'elles savent
à temps et sans faiblesse faire à l'esprit nouveau sa part
légitime?

Ce inement on peut abuser d'une influence héréditaire
pour défendre une cause que le temps a condamnée, une
théorie que l'expérience condamnera. Mais de quel bien
n'abuse-t-on pas? Malgré l'abus possible, l'histoire de tous les
temps montre que c'est souvent une diminution de puissance
pour une nation, d'influence pour une ville, une province,
quand disparaissent ces grandes familles que le travail des
siècles peut seul reformer.

Sous ce rapport, peu de pays ont perdu plus que la Bresse.
Presque toutes les familles dont les noms rappelaient les faits
principaux de son histoire ont disparu : les Coligny, les
Montrevel, les Varambon, les Chandée, les Gorrevod, etc.

Puisque nous ne pouvons dans le présent payer à ces noms illustres ce tribut de respect que tout esprit droit, que tout cœur bien placé doivent aux supériorités sociales réelles, à la naissance comme au mérite personnel, honorons, par l'étude du passé, par un souvenir reconnaissant du bien qu'elles ont fait, ces grandes maisons dont l'histoire est l'histoire même de la patrie.

Bourg, imprimerie Dufour.

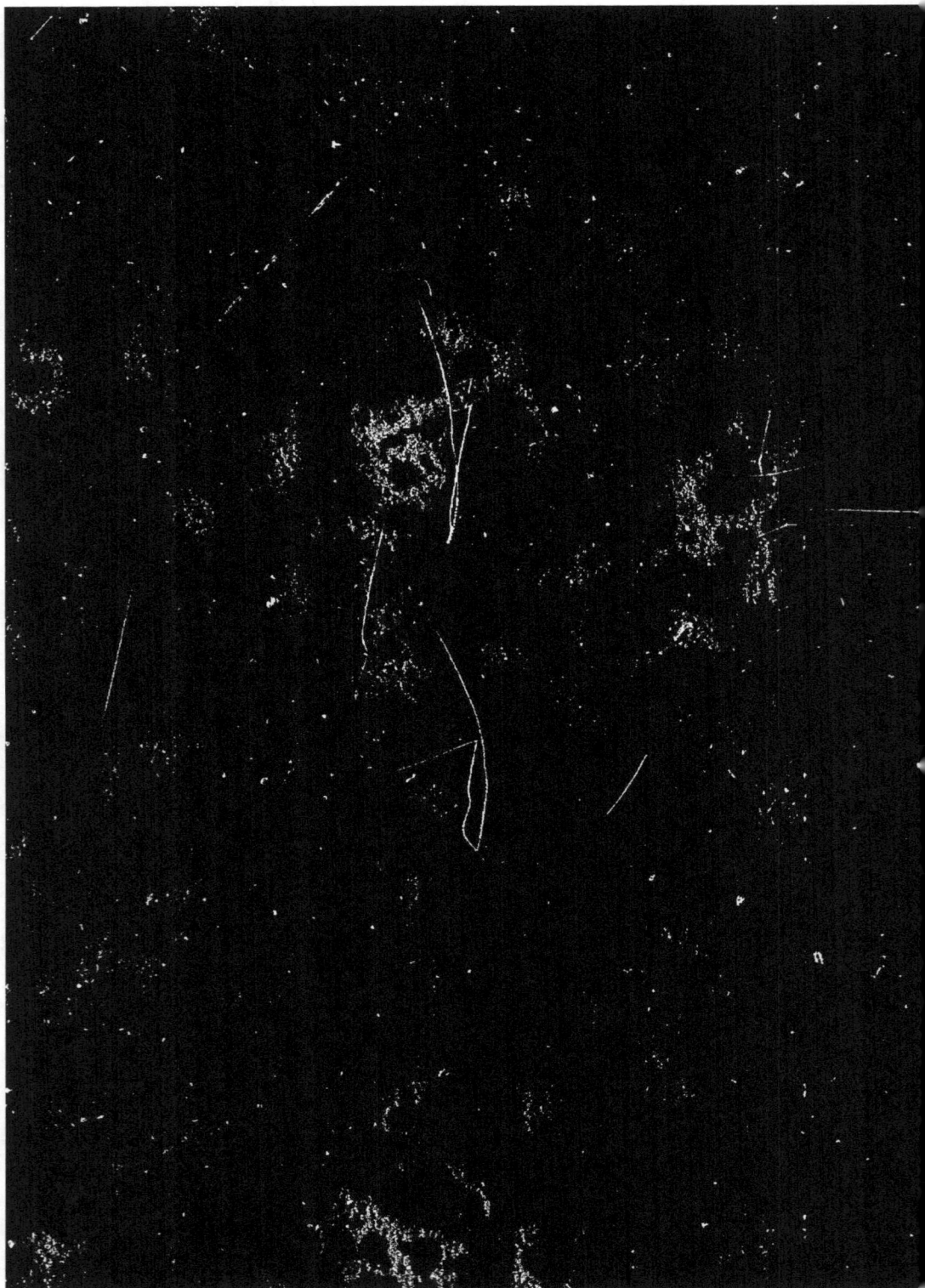

www.ingramcontent.com/pod-product-compliance
Lightning Source LLC
Chambersburg PA
CBHW060739280326
41934CB00010B/2286